Paulo Dutra

abliterações

Copyright © 2019 Editora Malê Todos os direitos reservados.
ISBN 978-85-92736-58-3

Capa: Primor Comunicação Visual
Foto da capa: Hershel Womack
Editoração: Maristela Meneghetti
Editor: Vagner Amaro
Revisão: Andrei Ferreira

Texto revisado segundo o novo Acordo Ortográfico da Língua Portuguesa.
Proibida a reprodução, no todo, ou em parte, através de quaisquer meios.
Dados internacionais de catalogação na publicação (CIP) Vagner Amaro
CRB-7/5224

D978a	Dutra, Paulo
	Abliterações/ Paulo Dutra. – Rio de Janeiro: Malê, 2019
	92p.; 19 cm.
	ISBN: 978-85-92736-58-3
	1. Poesia brasileira. II. Título.
	CDD B869.1

Índice para catálogo sistemático: Poesia brasileira B869.1

Todos os direitos reservados à Malê Editora e Produtora Cultural Ltda.
www.editoramale.com.br
contato@editoramale.com.br
2019

I ain't got no time to be looking like I'm so happy… my brothers are catching hell, catching hell, and catching hell, and catching hell!

(Muhammad Ali)

Racism is a bitch. White people, you gotta know. It fucks you up. But what it does to black people is a bitch. It's hard enough being a human being. It's really fuckin' hard enough just to be that. Just to go through everyday life without murdering a motherfucker. It's hard enough just to walk through life decent as a person. But here is another element added to it when you're black: Them mothers… got that little edge on us. It's enough to make you crazy. 'Cause if you're in an argument with another man… he may be white, but it's man on man for a minute… – and the shit get rough. He end up calling you "nigger." You go, "Oh. Shit. Fuck. Now I ain't no man no more. I'm nigger now. I got to argue with that shit… and… Fuck. Throw my balance all off now." It's an ugly thing. I hope that someday they give it up. 'Cause it don't work.

(Richard Pryor)

é só questão de tempo…

(Racionais Mc's)

Sumário

Apresentação 9
Prólogo 13
... . 15
Me m (i) ento 17
Quando os polícia chega 21
Samba à bangu. 23
Tengo razones 29
A Maré, na Maré, Amar é 31
Escolher a profissão 35
Próxima estação. 37
Nekistti istêichióm 41
abliterações 43
Quando o sol bate 47
A culpa deve ser do sol 51
Domingo no parque ou antes ou depois de auschwitz 53
Dominga na parque 57
Hoje de manhã 61
Queasmos?somsaeuQ 63
Making Brazil great again 65
Souneto 69

Canção à mingua. 71
Vulgar(idades) (haicais para os que falam japonês; para os
    que não falam existe a Wikipédia ou Leminsk) 73
Poema mascavo. 75
ai que raiva..77
De hipérbatos, marés e violinos..79
Hoje deu no jornal...81
Sexta-feira treze num oito de fevereiro 83
Não me levem a mal, não é nada Pessoal..............................85
Foi tiro pra caralho..87

Apresentação

Talvez fazer um texto de apresentação para um livro de Paulo Dutra seja impossível: sua decisão consciente pela não-monumentalidade e pela antissacralização, sua postura crítica diante do enciclopedismo que serve a lustrar vaidades, sua opção por evidenciar a resistência dos/aos objetos de saber bem-estabelecidos, seu distanciamento irônico – não apenas no campo conceitual, filosófico, mas também no plano pessoal.

Atravessam seus textos literários aspectos de suas reflexões teórico-críticas: a recusa aos conceitos e às definições fechadas, e a aposta em campos de força marcados pela tensão, pelo desconforto, enfim, pelo desvelar a inadequação e a imprecisão inerentes a todo gesto reflexivo que não redunde em incômodo.

Se o tom resvala ao acusatório em relação aos bem-nascidos, aos bem-situados, sua aposta na verdade é pensada a partir do transitório, da experiência situada socioeconomicoculturalmente no campo dos que são tratados, sempre, como "os outros". Sua escrita é uma proposta de elaboração material da fratura da realidade dos pobres, dos negros, dos vilipendiados historicamente – ao mesmo tempo que recupera, problematiza e reinventa chavões e clichês já assentados na barbárie naturalizada: e isso se mostra, por exemplo, em um "poema com nota de rodapé" (como embate com o gesto acadêmico *par excellence*).

Muitas vezes, e desde as epígrafes, os diálogos intertextuais e interdiscursivos são com aqueles que se situaram criticamente, não com o cânone literário roteirizado e confirmado pelos séculos: a forma já delineada e sistematizada pelos manuais de arte poética serve de lastro a uma arte asséptica e inerte – não à movimentação de Paulo Dutra entre a poesia e a prosa, entre o erudito e o marginal, entre a academia e a rua, entre a estética e a política, à sua aposta em produzir poemas não como culto à individualidade subjetiva, mas em criar "a duas mãos, pretas".

Olhos mais atentos flagrarão aqui e ali diálogos com *L'étranger*, de Camus, com o ensaio sobre Lírica e Sociedade de Adorno, com poemas de Leminski, com Caetano e Gil, com Pessoa – além de outras referências; jamais como medalhões e pedidos de licença e legitimação: antes, muitas vezes, como elementos-chave para se compreender o gesto paródico inventivo. Para um tal esforço pensante-criativo é exigido que se forjem novas palavras, que se incorporem estruturas sintáticas do campo da oralidade dos grandes centros urbanos, que se explore o espaçamento visual na página, que se aproveite a irregularidade e as quebras rítmicas que advêm da vida daqueles que jamais podem prever qualquer coisa sobre o próprio cotidiano, que, enfim, se transite entre línguas: pois língua alguma, sozinha, é capaz de dar forma ao horror.

Por tudo isso, podemos dizer que Paulo Dutra, em *abliterações*, sabe que toda arte é culpada, assim, reúne "restos", inventaria imagens de pensamento, escova a história a contrapelo – ou, como nos parece mais adequado, produz uma poesia sem reboco na parede, ginga a seu modo duro em ritmo de rap e samba, traz redivivos Marielle Franco e o próprio Complexo da Maré, todo dia empurrado à morte e à aniquilação. Este livro recusa a não-verdade da cultura, e faz dela "memória do sofrimento"; como arte quase testemunhal, seus poemas – desde a advertência inicial – se apresentam como denúncia da falsa promessa de felicidade de uma estética bem-comportada. Ao invés do "J'accuse", do realismo de Zola, Paulo Dutra assume um "Eu recuso" – e deixa o leitor se virar com isso.

Maria Amélia Dalvi
Professora no Departamento de Linguagens, Cultura e Educação da Universidade Federal do Espírito Santo
(E, principalmente, amiga e admiradora de Paulo há quase 20 anos)

Prólogo

O poeta Haki Madhubuti uma vez disse que nós, descendentes de Africanos neste continente, somos vítimas de uma educação pobre e inadequada:

Faltam escolas de qualidade, porém esse não é o maior problema, já que nas boas e más escolas:

Na aula de história aprendemos que somos e sempre fomos e seremos bárbaros ignorantes.
Na aula de sociologia aprendemos que nosso cabelo cor e feição são motivo de vergonha.
Na aula de língua portuguesa aprendemos que nossa linguagem é insuficiente e que "todos" inclui mulheres também.
Na aula de literatura aprendemos que fazer poesia consiste em hiperbatonizar a língua de dicionários de páginas amareladas e venerar musas de cabelos doirados cujas partes mais carnais e por isso sensuais e delicadais nunca menstruais do corpo são metáforimoseadas em mandrágoras ou outras flores florais tão proparoxítonas quanto essa em versos musicados em alinhamento com a música clássica e cesuras obrigatórias.
Na aula de religião aprendemos que o senhor dos caminhos,

senhor das direções, o mensageiro, é o capiroto o coisa ruim. E que Tupã é sol, mas como foi Deus que fez o sol mesmo então Tupã é Deus e tá tudo pela ordem então.

Na aula de educação musical aprendemos que nossa música é barulho e que só há sete notas musicais e que são "o que há".

Na aula de geografia aprendemos que há um lugar lá longe onde todos são africanos.

Na aula de educação moral e cívica aprendemos que somos todos iguais perante a lei.

Na aula de biologia ... não sei, porque nunca tinha professor e só lembro do esternocleidomastoideo.

Ou seja, uma educação A   da linha da pobreza.
                               b   o
                                  a   x
                                      i

Alguns e algumas de nós, de uma maneira ou de outra, escaparam dessa educação, esses e essas fazem rap.

Mas ainda assim, a gente, os que não escapamos a essa educação pobre e inadequada, faz versos, às vezes contaminados pela nossa educação, às vezes não.

Vamos a eles

...

Péra,
Antes

Tenho que dizer que este livro se terminou durante, e talvez justamente por isso, o período de transição que a democracia permitiu no brasil e vem como uma resposta às acusações de neutralidade e silêncio nas mídias, digo, na mídia porque na verdade é só uma, para a qual não aquilato o status que tem recebido, durante todo o processo já que os poemas aqui reunidos também servem para servir de queixa em relação à falta de atenção ao único e verdadeiro causador de todos os outros problemas graves que ganham historicamente status de grandeza que ofusca o verdadeiro problema do brasil como o prefácio na página anterior tenta demonstrar: (g)raça.

Advertência: absolutamente TU-DO neste livro é intencional.

Me m (i) ento

Lembra quando c tava na merda e sua mãe falava
[que foi meu filho?
Lembra?
Eu não.

Lembra quando c chegava em casa, olho roxo, e seu pai
[falava quem foi?
Fala pra mim! quem foi?
Lembra?
Eu não.

Lembra quando c tava duro e aquela mina falou vambora e
[seu pai falou
falou tomaqui a chave filhão?
Lembra?
Eu não.

Lembra quando c passou no vest e seu pai falou ah muleque?
Lembra?
Eu não.

Lembra quando c foi embora do país e seu pai sua mãe
[falaram c vai
mesmo?
Lembra?
Eu não.

Lembra quando c disse que ia sim e eles falaram boa sorte
[então, tomaqui
Um qualquer?
Lembra?
Eu não.

Lembra a primeira vez que c voltou e eles tavam lá com
[um monte de balão
de gás pagando mó mico?
Lembra?
Eu não.

Lembra a última vez que c voltou e sentiu falta dos balões?
Lembra?
Eu não.

Lembra quando c fez pirraça, mesmo sendo adulto, e eles
[puxaram teu
saco?
Lembra?
Eu não.

Lembra aquela sexta-feira que c mandou um zap pra eles e
[os dois tics ficaram azul?
Lembra?
Lembra?

Eu não

Quando os polícia chega

Quando os polícia chega
Tudo para tudo sai fora do lugar
Quando os polícia chega
A rua com pedrinhas com pedrinhas de brilhantes
não é mais nossa é dela.

Quando os polícia chega
Na encruzilhada tem fuzil-roda-gigante
Tiro pro chão tiro pro alto
Meios-fios espalhados por Marmitas de fuligem
Tem costelas e canelas de coturnos comestíveis

Quando os polícia chega
Meninos pretinhos viram homens-mãos na parede
Velhinhos de reumatismo voltam a ser homens
Mulheres mães irmãs tias avós namoradas vizinhas
Pretas mordem-mastigam canos de fuzis

Quando os polícia chega
Identidades cics cpfs títulos sarjetas
se misturam nos coturnos das marmitas
de fuligem acebolada do almoço frio
no meio da tarde no eclipse.

Quando os polícia vai embora
(Quase) tudo *despara* (quase) tudo volta pro lugar
Quando os polícia vai embora
A rua com pedrinhas com pedrinhas de amarelinha
é nossa até a próxima

Quando os polícia vai embora
na encruzilhada ficam as marcas
das balas nas nuvens dos fuzis na cara,
fuligem de marmitas de meio-fio.
Ficam as canelas calombos, costelas coturnos

Quando os polícia vai embora
Identidades cics cpfs títulos
se misturam na cebola almoçada
na boca da noitinha de fuligem
no eclipse da carteira.

Quando os polícia vai embora
Meninos pretinhos voltam a ser meninos nas pipas e
                                            [bolas-de-gude,
Velhinhos de reumatismo voltam a ser seu Zé ou seu Jorge,
Mulheres mães irmãs tias avós namoradas vizinhas
pretas cospem canos estilhaçados de fuzis

mastigam raiva lágrimas e sangue
dos que que ficaram estirados

quando os polícia forembora

Samba à bangu.

Lá em Bangu tem vários ambulantes,
Uma mão segurando a vida
e uma praça de pardais envenenados.
Lá tem um pedacinho da meia-noite
na antiga-fábrica-agora-shopping.
Tem uma janela com mil portas.
ô ô ô ô ô ô ô
oi toma aqui ó: este samba de olhos fechados.

Oi este samba, mas quê samba
do sim, e do não, de vida, de uma purinha
que seca sua sede no valão.

Te amo, te amo, te amo,
Com o tamburete e com a cuíca ressecada
pelo calçadão jururu,
no escuro meio-fio do compasso,
na nossa cama de papelão marchê
e no samba que vislumbra a cambaxirra.
ô ô ô ô ô ô ô
oi toma aqui ó: este samba de braço destroncado

Oi este samba, mas quê samba
do sim, e do não, de vida, de uma purinha
que seca sua sede no valão.

Lá em Bangu tem várias vitrines
Onde teus olhos e os ecos voam.
Tem uma morte de pandeiro
pintando os pretinhos de verde-amarelo,
tem mendigos pelos telhados de paetês,
tem podres cortinas de risos de purpurina.
ô ô ô ô ô ô ô
oi toma aqui ó, este samba que morre na minha face.

Porque te amo, te amo, oi te amo meu amor.
Nos fios onde a molecada brinca e se acaba de alta tensão,
Sonhando novas sombras de luz
pelos murmúrios da tarde morna,
vendo vira-latas e missangas de fuligem
pelo silêncio ofuscante da tua nuca
 ô ô ô ô ô ô ô
oi toma aqui ó: este samba do te amo pra sempre.

Oi este samba, mas quê samba
do sim, e do não, de vida, de uma purinha
que seca sua sede no valão.

Lá em Bangu vou dançar com você.
com uma fantasia que tenha pé de cachoeira.
Olha só minhas canelas de absinto!
Vou deixar minha boca nas tuas pernas,
minh'alma em plumas e outdoors,
e no molejo desengonçado dos teus passos
quero, meu amor, meu amor, deixar
tamborim e catacumba, as rimas deste samba.

Lá em Bangu tem vários ambulantes,
Uma mão segurando a vida
e um pardal de praças envenenadas.
Lá tem a meia-noite de um pedaço
da antiga-fábrica-agora-shopping.
Tem uma porta com mil janelas.
ô ô ô ô ô ô ô
oi toma aqui ó: estes olhos de sambas fechados.

Oi este samba, mas quê samba
do sim, e do não, de vida, de uma purinha
que seca o valão na sua sede.

Te amo, te amo, te amo,
Com o ressecado e com a cuíca tamburete
pelo calçadão jururu,
no meio-fio escuro do compasso,

na nossa cama de papelão marchê
e no samba que vislumbra a cambaxirra.
ô ô ô ô ô ô ô
oi toma aqui ó: este braço de samba destroncado

Lá em Bangu tem várias vitrines
Onde teus voos e os ecos olham.
Tem um pandeiro de morte
pintando o verde-amarelo de pretinhos,
tem paetês pelos telhados de mendigos,
tem purpurinas cortinas de risos podres.
ô ô ô ô ô ô ô
oi toma aqui ó, esta face que morre no meu samba.

Porque te amo, te amo, oi te amo meu amor.
Na brincadeira de alta tensão onde os fios moleques se
[acabam,
Sonhando luzes novas de sombras
pelo morno dos murmúrios da tarde,
vendo fuligem de vira-latas e missangas
pela nuca ofuscante do teu silêncio
 ô ô ô ô ô ô ô
oi toma aqui ó: este amor do samba pra sempre.

Lá em Bangu vou dançar com você.
com uns pés que tenham fantasia de cachoeira.

Olha só meus absintos de canela!
Vou deixar minha boca nas tuas pernas,
minh'alma em plumas e outdoors,
e no passo desengonçado do teu molejo
quero, meu amor, meu amor, deixar
samba e tamborim, e as catacumbas desta rima

Tengo razones

Tenho vontade de chorar.
Dá e passa.
Passa mais que dá.
Não choro.

Tenho vontade de chorar.
Dá e não passa.
Não choro.

Tenho vontade de chorar.
Dá vontade...

Tenho vontade...

A rima, a métrica. você e a colocação pronominal que se
[foda-se

A Maré, na Maré, Amar é.

(À Marielle (aqui Mariella)
Franco
Franca
Mente)

Na Maré,
Amar é ver
A morte
Todo Santo dia.

Na Maré,
Amar é ver morrer
à bala
Todo Santo dia.

Na Maré,
Amar é remar
Contra a maré
Todo Santo dia.

Na Maré,
Amar é viver
A vida
Todo santo dia.

Na Maré,
Amar é ser Maré
apesar dos pesares
Apesar das marés.

Mariella é Maré.
Até no nome
Ella é Maré;
Tem Maré no nome.

Na Maré,
Pra ela, Mariella,
Amar é lutar
Com ou sem colete.

Na Maré,
Até quando não estão na Maré
Morre à bala
Quem é da Maré.

Mas a Maré não morre não.

A Maré vive nella, e
Mariella vive na Maré.
Porque a Maré somos nós.

aMar é viver
A Maré vive
Viva a Mar (i) é (lla)
Vive a Mariella

Escolher a profissão
    (para Jorge, Poema a duas mãos, pretas.)

Privilégio de poucos,
pra poucos,
e,
desses poucos,
poucos Pretos:
quase brancos
de tão Poucos.

(mas de tão poucos,
ainda mais Pretos)

Próxima estação.

Próxima estação: Magalhães Bastos.
As portas abrem e as caixas de pernas pardas
sacolas e pacotes num vai-e-vem monótono
frenético de fragmentos de uma tarde só
inundam o salão de janelas que se bifurcam

Olhágua olhágua olhágua
Latão é cinco latão é cinco
Ô água coca água
Ô água coca água só paga três na minha mão.

Moedas dobradas de sujeira
Notas encardidas de mão tilintam
No meio do atropelo de cheiros que se escutam
de palavras murmurinhos gritos que se completam
Lá fora em qualquer loja o senhor a senhora vai pagar

Olhágua olhágua olhágua
Latão é cinco latão é cinco
Ô água coca água
Ô água coca água só paga três na minha mão.

Hoje aqui na minha mão
o senhor a senhora vai pagar
só deiz real na promoção.
Boa tarde disculpa interromper a sua viagem
Venho aqui trazendo ó esse produto ó

Olhágua olhágua olhágua
Latão é cinco latão é cinco
Ô água coca água
Ô água coca água só paga três na minha mão.

Mas vendedor, e se for mancha de gordura?
A senhora o senhor vai perguntar.
Não tem poblema meu senhor minha senhora
essa fórmula exclusiva só eu é que tenho ó
limpa as mancha mais difícil

Olhágua olhágua olhágua
Latão é cinco latão é cinco
Ô água coca água
Ô água coca água só paga três na minha mão.

Dobras sujas de moedas
Mãos encardidas tilintam de notas
No meio do cheiro que se escuta nos atropelos
de palavras murmurinhos que se completam gritos
Lá fora em qualquer loja o senhor a senhora vai pagar

Próxima estação: Realengo
As portas abrem e pernas de caixas pardas
sacolas e pacotes num vai-e-vem frenético
esvaziado de tarde de um só fragmento de mono
tonia que bifurca o salão de janelas se abafam

Nekistti istêichióm

Tam tam,
próxima estação: Botafogo
Estação de transferência entre as linhas um e dois
Desembarque pela direita

... ...

Tan-tan, próxima estação: Flamengo
Disembark on the raiti

... ...

Tan-tan, próxima estação: Largo do Machado
Desembarque pela direita

... ...

Tan-tan, ...

...

Próxima

Istêichióm

Pela

Léfiti

...

tam

Próxima estação: Central

Estação de integração para os trens da supervia

e para
um (o)
Turbilhão de (da) vida (s)

Mind the gap ;)

abliterações

A testa é um pedra onde os gemidos sonham
Sem cerveja adunca nem capim gelado
As costas são um tempo para lavrar a pedra
Com postes de urina e luas e correntes

Chuvas azuladas sobre os corais
torcendo seus braços tenros crivados
de confetti calibre 9 milímetros
que desmembram sem sangrar.

Tudo isso eu já vi.

Porque a pedra ceifa sementes e ossadas
urubus e vira-latas de luz,
mas não dá vozes, nem geleia de mocotó, nem vento
só muros e muros e outros muros sem praças

Tá lá na pedra o bastardo, mais um filho pardo
Já é ou já era? Olha só o barulho das nuvens
a vida cobriu o filho sem pai de enxofre corado
e deu pra ele umbigo de saci Pererê

Já era. As formigas entram pela boca
O mormaço lúcido afunda o peito
O amor enlameado de lágrimas de valão
esfria no auge do esgoto a céu aberto

Quem viu. Um silêncio fedoroso descansa
aqui tem um corpo que endurece esfumaçado
Aqui não tem rouxinol nem pomba branca
Nesse buraco cheio de furos sem fundo.

Quem vai desamarrotar o manto sagrado?
Aqui não tem música, não tem choro de meio-fio
Nem quem espante os urubus e as varejeiras
Aqui só tem olhos inchados secados fechados
Esbugalhados

Onde estão os homens de vozeirão
que batem no peito e bramam fuzis
e acoturnam canelas bundas barrigas caras,
com quem sonham as ossadas?

Aí é que eu queria ver
Digo, aqui. Diante do corpo preto e vermelho
Pra me dizerem onde está mostrar uma saída
Pra essa morte livre atada nesse mais um

Aqui só tem aquelas

Mulheres mães irmãs tias avós namoradas vizinhas
pretas cospem canos estilhaçados de fuzis
(e que)
mastigam raiva lágrimas e sangue

do outro poema

O que eu quero é que me mostrem um riso
De matagal de carrapicho amargo e raiz à mostra
Pra levar o corpo pardo pra escutar as lavadeiras
Besouros grilos bem-te-vis

Encontrado na encruzilhada quadrada do sol
Fingido de moleque inerte com caxumba
Encontrado à luz do dia ao canto das baratas
Na fumaça congelada de asfalto quente

Aqui não tem aliteração a seco de correias
dentadas sem graça que rangem metálicas clanc clanc
Peças quadradas em buracos redondos *abliterações*.
Aqui ninguém cobre com jornal
Não quero que se acostume com essa morte...
Dorme, voa, descansa com ou sem paz.
Sem aliterações sem *abliterações*
Pode ir mano, não esquenta não

Quando o sol bate.

Era umas duas da tarde.
De tarde, duas em ponto.
Um homem-guarda-chuva
na chuva às duas da tarde.
Maldita chuva, estiou
umas duas da tarde.
O resto é morte, só morte
às duas da tarde em ponto.

O fogo levou a chuva
às duas da tarde.
O chumbo semeou o cálcio
umas duas da tarde.
Os urubus caem na porrada
a umas duas da tarde.
E uma perna ruça.
há duas da tarde
Começou o barulho clac clac
umas duas da tarde.
Sirenes de enxofre e fumaça
duas da tarde.

Silêncios agrupados na esquina
duas da tarde.
E o corpo só barriga pra cima
às duas da tarde
quando a chuva de confettis foi chegando
Umas duas da tarde.
Quando a esquina se alagou de ruídos
às duas da tarde.
A morte cagou pra chuva
duas da tarde
Umas duas da tarde.
Uma duas da tarde em ponto.

Um saco de lixo preto por caixão
umas duas da tarde
O sangue escorria pelo guarda-chuva
duas da tarde.
O asfalto lisinho de agonia
duas da tarde em ponto mais ou menos
lá longe já vem o sol.
duas da tarde
os buracos de bala queimam a chuva
Umas duas da tarde em ponto.

Em plena luz do dia!
Em plena luz do dia!

claramente configurado
o porte-ilegal de guarda-chuva.
Umas duas da tarde em ponto mais ou menos

A culpa deve ser do sol

Que negócio é aquele
que brilha pelos becos e vielas?
Abre a janela mano
que já são seis e meia.
Nos meus olhos, sem saber,
Os farol brilha
Aqueles moleque ali será que tá...

Alhos e bugalhos
Tudo junto e misturado
Cabelos crespos, às vezes amarelados
Lado a lado lado a lado
O dia vem nascendo
O sol vai subindo pelas paredes
Fugindo dos meios-fios fedorentos
Quer cheirinho de café de pão quentinho
Entrando pela janela

Mochilas na parede
Carregadas
Engatilhadas
Lápis-livros, um na agulha

Sete no pente,
Encadernados até os dente

Que negócio é esse
que brilha pelos becos e vielas?
Fecha a janela mano
que já são seis e meia.
Nos meus olhos, sem sabor,
Os farol brilha
Aqueles moleque ali será que tá...

Alhos e bagulhos
Tudo junto e misturado
Cabelos crespos, às vezes amarelados
Lado a lado lado a lado
O dia vai morrendo
O sol vai descendo escorrendo pelas paredes
rumo aos meios-fios fedorentos
Quer cheirinho de feijão temperado
Saindo da panela

Mochilas na parede
Carregadas
Engatilhadas
Livros-lápis, um na agulha
Sete no pente,
Encadernados até os dente

Domingo no parque ou antes ou depois
[de auschwitz

Eu ia escrever um poema sobre,
na verdade, já estava escrevendo
um
poema
sobre,

As rosas, um poema romântico
Um poema sobre o estar no mundo
Um poema que dialoga com
essa incapacidade de a língua...
De a linguagem...

Um poema que ia ser exaltado
homenageado idolatrado laureado
Sobre o ser no mundo
Sobre a vida
Um poema profundo uni

versal

Com imagens e metáforas
rebuscadas copiadas reinventadas
rei ficadas
Com flores nobres e árvores
de
nomes impronunciáveis
Aves phoenix
Pombas (!) brancas
Rimas ricas

Augustas imagens
Com luxo de detalhes e hipérbatos-travessões
antíteses, anáforas, polimétricos, impecável

Com vocábulos não meras palavras

Sobre as Pretas advogadas
médicas, doutoras, poetas
escritoras

Sobre os advogados, médicos,
doutores, poetas, escritores
Pretos

Mas
A chapa esquentou

O bicho pegou
A policia chegou

Jaz o poema metralhado
esquartejado ensanguentado
buraco pra tudo que é lado
remendado sem cuidado
rimas pobres pobres rimas
sem recursos rebuscados

Uma merda de poema

Colado
Com
durex.
Porque o esparadrapo
tá pela hora da morte
minha senhora

Dominga na parque

Eu ia escrever uma poema sobre,
na verdade, já estava escrevendo
uma
poema
sobre,

As rosas, uma poema *nogenta/ogerizada*
Uma poema sobre a estar no mundo
Uma poema que é calada com
essa incapacidade de a língua...
De a linguagem...

Uma poema que ia ser humilhada
execrada violentada atacada culpada
Sobre a ser no mundo
Sobre a vida
Uma poema profunda

Com imagens e metáforas
Achincalhadas apagadas desinventadas
reificadas

Com animais bovinas galináceas equinas
de
nomes impronunciáveis pronunciados cerradamente
em rimas ricas
quadradas redondilhas

Esgotescas imagens
Com lixa de detalhes e hipérbatos-travessões
antíteses, anáforas, polimétricos, impecável

Com xingamentos não meros impropérios

Sobre as Pretas-brancas-loiras-morenas-sararás
advogadas
médicas, doutoras, poetas
escritoras
putas

(mães não! mãe é mãe...)

uma poema – puta

Mas
A passeata esquentou
A mulherada chegou
Invadiu

Táqueopariu!
réshtaguipartiu!!!réshtaguiele(s)naum!!!

Jaz a poema exaltada
homenageada idolatrada
força por todos os lados

Uma beleza de poema
Uma puta poema!

Construída
Elevada
Adornada
Com
Lacinho de fita e batom vestido de bolinha

Nestes versos,
ainda assim,
tão machistas

Hoje de manhã
Bem cedinho

No meio do beco tinha um caveirão
Tinha um caveirão no meio da travessa
Tinha um caveirão
No meio do larguinho tinha um caveirão

Nunca vou esquecer desse acontecimentão
Na vida de minhas retinas tão retintas
Nunca vou me esquecer que no meio da

```
ca
Es        ve
     Ca        i
          Da        rão
                    Ria
```

Tinha um caveirão
Tinha um caveirão no meio da noite
No meio do dia tinha um caveirão

Caveirão pra tudo que é lado Drummond

Queasmos?somsaeuQ

Hoje eu li que	euq il ue ejoH
Hoje	ejoH
Eu li que	euq il uE
Hoje	ejoH
Eu li	il uE
Que	euQ
Hoje	ejoH
Eu	uE
Li	iL
Que?	¿euQ
Li	iL
Eu	uE
Hoje	ejoH
Que	euQ
Li eu	ue iL
Hoje	ejoH
Que li eu	ue il euQ
Hoje	ejoH
Que li eu hoje	ejoh ue il euQ

A poesia é uma erótica verbal

Making Brazil great again
poema com nota de rodapé

(Dedicated–and special thanks–to the staff of the Brazilian
consulate in Houston in recognition of their hard work
and effort putting this together and forgetting to hang the
vampires' picture on the wall to remind us all that não é
pessimismo não é assim que é).

Indescritível a emoção de exércitar
Em verso e prosa
Em rimas pobres e acéfalas
(quadradilhas)
a sidadania.

Brazil assima de tudo
Pelos valores da família tradissional
Brazileiros e brazileiras minhas
Colegas de escárnio
Marchemos (o marcha soldado cabeça de papel)
Pelas colors da nossa bandeira grin e iélow
(bom, melhor pegar o elevador que tá calô)

Vem
filhão! Apertá o confirma cum papai!

(Pode não meu senhor)

Uma palhaçada! Que que tem? Vem
Filhão! Letisgô! Disuêi!

(But daddy! This gentleman said I'm not allowed
he said the magic word daddy
I'm not supposed to get in there)[1] [2]

(Regra é regra pode não meu senhor)

É por isso que esse país não vai...

Tilililim pela família tradissional!

Mãe
Filhos
Aborto da empregada dimenor

---

[1] Tradução literal:
Mas pai? O moço disse que não pode
ele disse a palavrinha mágica
Eu não posso ir lá não

[2] Tradução animal: Mais pai? Esse babaca disse que nem fudeno
...
Pow pai! Tu não é homem não? Minha mãe falou pra minha tia que tu é broxa! Sou mais de ver você deixar eu ir lá!

Filho da ex-amante
A amante
O amante (são outros tempos ora bolas)
A prostituta na hora do almoço
o travesti de vez em quando
tenho cu riozidade, você não?
(Tudo muito ténico)

Jezus na parede Deus no corassão

E as duas vagas de garagem

Vem pra urna você também, vem!

Souneto

Eu sou neto da dona Waldenira.
Eu sou filho do meio da dona Vera.
Sobrim (favorito) da tia Zenila,
primo distante de Maria Helena

Vizim de porta da dona Palmira
Paciente da doutora Herrera
Cliente fiel da dona Zulmira
Amigo das Christianes, Milenas.

Sou colega de trabalho de Leilas,
professor de muitas Marías Sarahs
Kaseys Brookes Lupes Gemas Mikeilas.

Sou sobrinho da dona Ivanilde.
Eu vou adotar (um dia) a Maria Clara e
sou filho adotado da Ana Nilde

Canção à mingua.

Eu preparo um caixão
em que minha mãe não me reconheça
nenhuma mãe nos reconheça
E que calem como bocas cerradas

cambaleio por um beco
que passa em todos os países
Eu vejo mas finjo que não vejo
meus velhos amigos jovens

Eu calo muitos segredos
como quem não sabe sorrir
sem jeito, canhestro
Vários olhares se evitam

Minhas vidas nossas vidas
deformam um, vários diamantes
Desaprendo uma ou outra palavra
ou transformo-elas em palavrão

Eu preparo um caixão

que não desperta nada nos homens,
mas recebe as crianças

(pretas nos becos do mundo
eu preparo um caixão
meu caro Drummond).

Vulgar(idades) (haicais para os que falam japonês; para os que não falam existe a Wikipédia ou Leminsk)

Baixô

(O processo:)

Verso branco –
Fuzil preto
Corpo jaz

Verso branco preto –
Fuzil corpo jaz

verso branco fuzil – preto

*(o hai
cai:)*

Verso branco jaz
Ver só branco jaz fuzil –
Versó preto, Jazz...

Poema mascavo.

Nada que é refinado é bom.
Sal refinado é sal marinho
o que sobra o que fica
quando a água do mar evapora;
Só que branqueado
sem cor

Sal refinado é sal marinho
depois de forjado em caldeira,
É sal marinho sem iodo
sem magnésio sem cálcio
sem potássio
sem cor

Soçobram as cores
Só sobra o sódio e a brancura

Nada que é refinado é bom.
Açúcar refinado é caldicana
bombardeado branqueado,
usurpado das vitaminas e sais

Minerais
sem cor

Açúcar refinado é caldicana,
mas sem cálcio sem fósforo
sem potássio ferro magnésio
sem personalidade,
sem nada de bom
sem cor

Soçobra o marrom
Só sobra a brancura

Nada que é refinado é bom.
Nem sal nem açúcar
nem poesia

Na po(br)esia refinada
branqueada
soçobra tudo de bom,
só sobra a brancura,
imposta, em postas,
e a poesia alva hipertensa e diabética
hiperbatônica
soçobra
de cór.

ai que raiva

Eu tenho uma raiva aqui dentro
A gente tem uma raiva aqui
dentro (inclusive porque tive
que abrir parêntesis, quebrar
a frase porque se não a rima ia
ser pobre

uma raiva que é só nossa
uma raiva que só nois entende
tá ligado?
Uma raiva, ma(i)s uma raiva, ai que raiva
Uma raiva anafórica
Endofórica e
Catafórica

Uma raiva que não respeita
Nem métrica nem ce(n)suras obrigatórias
Uma raiva de ter
Raiva de ter que
Ter raiva
De fazer

Refeverências craseadas à ces-
ura e à mé,
,trica

Uma raiva que são duas
Raiva de tudo e de todos
Do teclado, da raiva
Do...
Ai que raiva

Ai que raiva destes arraivamedos
de versos

Nunca fechei o parênteses
Mas foi só de raiva.

De hipérbatos, marés e violinos

Hoje, vejam só,
chegou meu tão desejado primeiro violino!
Não sei quanto tempo demorou,
parei de contar faz uns quarenta ou 400 anos

Eu até tive bicicleta e videogueime
Mas, e daí? E o canivete? Nunca tive
O Motherfokker 100, na garagem dois mercedes-benz,
(Me and lorenzo rollin' in the benzo?)

Mas hoje, vejam só,
não, nunca, chegou meu, não sei se desejado,
primeiro violão piano minha harpa.
Parei de esperar faz uns sei lá quantos anos

Mas, hoje, vejam só,
Mataram mais uns sei lá quantos e quantas na Maré
Na Vintém também, mas foi hoje, vejam só,
Que chegou meu violino

Eu-me reço

Afinal de contas sempre quis
Meu violino meu violão meu piano
Minha harpa

Mas hoje, vejam só,
Quem é que faz as conta?
Quem faz de conta?
Quem conta?

Quem paga a conta
Quando as quatro cordas desafinam
Dentro da caixa
preta?

Hoje deu no jornal

Hoje deu no jornal
que a regência verbal
morreu...
Eu, que não leio jornal,
vi a noticia estampada.
Na primeira página.
Em quase todas as chamadas-
-frases
tava ela lá
mortinha da Silva.
Jornal nenhum tem notícia que preste
mas morte tem.
Como se não bastassem,
as mortes pretas
agora são narradas
sem rodeios
sem meneios
sem cal
sem sal
sem nada de nada
Sem clima

Sem rima
Sem ritmo
Sem clítico
Sem-vergonha
sem regência
ver
bal.

Sexta-feira treze num oito de fevereiro

Café forte quentinho sem açúcar.
Ainda dá pra ver as marcas ...
As marcas do café que escorreu pela borda da caneca
... abaixo...
do sangue que se espalhou parede afora...

Sobrou só um golinho no fundo da caneca branca...
Já tá frio, intragável.
Esqueci do café, do último gole, do melhor gole,
Porque há indícios fortíssimos.

Há indícios fortíssimos
Há indícios!
E são Fortíssimos!
de execução

de execução da lei do Morro?
Da lei do Môrro?
Da lei do Outro?
Da lei de quem?

Café! e preto!
frio
ressecado
esquecido
fuzilado
ressequido
na caneca branquinha

Intragável!!!

Não me levem a mal, não é nada Pessoal

O poeta é um fingidor.
Finge tão descaradamente
Que chega a fingir que é dor
A raiva que sente.

Porque o poeta tenta falar de amor
Tenta transmitir as belezas
Inclusive as da natureza
Tenta copiar os mestres

Mas, os mestres poeteiros...
Achavam lindo o navio!
Sim aquele, aquele mesmo

Mas que lindo!
Mais que lindo,
justo, natural, divinal, necessário
Universal

O poeta é um fazedor.
Faz, tão raivosamente,

da dor dos sufocados nos mercados,
dos baleados pelas costas pela frente
humilhados, espancados, achincalhados
pisoteados, chicoteados, amarrados

nos postes no mercado de trabalho,

versos amarrotados, racializados,
fingidos, com rimas desnecessárias inúteis, hiperbatônicos…

Vão pra casa do caralho!

Foi tiro pra caralho

Eu não gosto de palavrão na poesia
Mas foi tiro pra caralho
Tiro pra caralho

{Tiro pra caralho
Tanto tiro que perdi as conta
Perdi a métrica

Perdi a réplica
Perdi a po ética
Tiro pra caralho

Caralho!

Foi tiro pra caralho

A rima

(Já vem pronta
Já vem preta
Já vem prENTA)

Foi
Tiro
Pra
Caralho!

Agora fica a dor
Digo, a cor da dor,
Vermelhipreta
a dor tem cor

e a nossa
essa sim
essa sim sai
sai no jornal

Tiro pra caralho
[Agora fica a expressão
Numérica
Primeiro a multiplicação
Dos tiros
(foi tiro pra caralho)
que está dentro dos colchetes
depois a adição
dentro dos parêntesis
(dessa forma o(s) eliminamos)
Tiro pra caralho

Fica tiro pra caralho
Dentro dos colchetes
Tiro pra caralho]

Aqui, tiro pra caralho,
Eliminamos os colchetes
Encontramos o resultado
Da ex
Pressão
Numérica}
=
Ti
To
Pra
Ca
Ra
Lho

Caralho!

Esta obra foi composta em Arno Pro Light 13 e
impressa no papel pólen bold 90, pela gráfica PSI, para a
Editora Malê em setembro de 2019.